뜰채로 죽은 별을 건지는 사랑

지혜사랑 068

뜰채로 죽은 별을 건지는 사랑

반칠환

시인의 말

천국의 아이가 지나간다 버섯내 난다
달걀버섯, 꾀꼬리버섯, 오이꽃버섯, 연지버섯……
호박잎 싸서 잉걸불에 구워먹던

천국의 아이가 지나간다 나물내 난다
별금자리, 국수쟁이, 밥보재, 꽃다지……
잔대 뿌리를 뽑아 잘근잘근

천국의 아이가 지나간다 무섬내 난다
상여집 건너 펄쩍, 그믐달 건너 두둠
마당귀 편지 쓰는 율모기에 섬뜩

웬 아이가 달려온다
도랑 건너 찰~떡 봇도랑 뛰어건너다
고무신 떠내려 보내고 만

정신없이 좇아 내려온 삼십 년
문득 그 고무신 흔적 없다
복개천 위로 떠내려가는 저 붉은 자동차들!

2001년 시와시학사에서 낸 첫 시집을 다시 펴내며
2012년 12월

반칠환

차례

시인의 말 ——————————— 5

1부 외딴집

지킴이의 노래 ——————— 12
어머니 1 ————————— 20
어머니 2 ————————— 21
어머니 3 ————————— 23
어머니 4 ————————— 25
어머니 5 ————————— 26
아버지 1 ————————— 27
아버지 4 ————————— 29
아버지 5 ————————— 31
누나야 —————————— 33
외딴 유치원 ———————— 35
자연의 학교 ———————— 37
감꽃 속에 있다가 —————— 40
아무리 파 보아도 —————— 41
고요 ——————————— 42
평상 ——————————— 43
가정방문 ————————— 45
월식 ——————————— 47
밥그릇 만들기 ——————— 49
까막새 —————————— 50
쇠뜨기 —————————— 52

밤 거무 근심 거무 ——————— 54
넘어갔다! ——————— 56
확인 못한 이야기들 ——————— 58
어린이날 ——————— 60

2부 속도에 대한 명상

잠언 ——————— 62
가까운 봄날 ——————— 63
목격 ——————— 64
늙은 바퀴 ——————— 65
바퀴를 보면 세우고 싶다 ——————— 67
길앞잡이의 죽음을 애도함 ——————— 68
풍경 지우기 ——————— 70
1999, 마이더스 2세 ——————— 71
우리들의 타이타닉 ——————— 72
질주 ——————— 73
반성 ——————— 74
서울에서 부산까지 ——————— 75
한 걸음 ——————— 77
한평생 ——————— 78
나를 멈추게 하는 것들 ——————— 80

사라진 동화 마을	81
휴먼 보디 숍	83
사라진 산 너머	85
장미의 죽음	87
노스트라다무스의 별	88
견딜 수 없는 믿음	90
그 날이 오면	92

3부 둥근 시집

다국적 똥	96
빵과 상징	97
노래하는 불상	99
개고기를 먹으며	101
어느 관상가의 철학	103
장미와 찔레	105
철거	106
어떤 채용 통보	107
손금	109
벼락을 기다리며	110
공룡알 화석 1	111

공룡알 화석 2	112
공손한 먹이	114
둥근 시집	116
백골관白骨觀	118
오래 아주 오래	119
갈 수 없는 그곳	120
가뭄	122

해설 • 가난했지만
　　　따뜻한 추억 '죽은 별을 건지는 사랑'　124

1부

외딴집

지킴이의 노래

1

하-, 그 때가 언제였던가, 풍 맞은 늬 애비와 삼십대 초반의 늬 에미가 머잖아 묵샘에 빠져 죽을 늬 큰성을 앞세우고, 다리가 휘도록 포대기 끈을 조른 갓난쟁이 둘째를 업고 이 솔뫼골 산지기 외딴집에 찾아드는 것을 보았다. 하마 사십 년 전의 일이다. 그 때 나는 다만 회초래기 같은 구렁이 새끼였다.

어떤 인연이었을까. 그 날 이후 나는 늬 에미, 산지기 외딴집에서 등잔불에 그을은 칠남매를 내리 낳을 때마다 산파 대신 손 잡아주던 문고리처럼 늬 집에서 지금껏 머물러 살아 왔다.

2

패가망신하여 산지기 동생 오두막 열댓 살 뼈무른 조

카 등에 업혀온 늬 큰애비가 풍 맞은 애비보다 먼저 타고 가는 상여를 보았다. 이태 후 그 춥던 겨울, 풍 든 애비마저 숨 거둘 때 산발한 에미와 감자알 같던 늬 형제들이 오열할 때도 나는 그저 청뜰 밑에서 점점 예민해져 가는 청각을 곤추고 있을 뿐이었다. 뭇 짐승들의 소란스런 울음소리 틈에서도 젊은 암구렁이의 목소리를 가려낼 줄 아는 나이라면 이해하겠는가. 그 때 나는 다만 늬 누이 한 줌 머리채만큼 자란 구렁이 총각에 불과했다.

3

인간의 나이 스무 살, 헌걸찬 인물의 늬 큰성이 뇌염에 걸려 맥없이 샘물에 빠져 죽는 것을 보았다. 샘골 그득한 푸른 이내 탓이었을까, 안친 쌀보다 턱없이 큰 무쇠솥을 데우고 나온 저녁 연기 탓이었을까. 까닭 없이 코 끝을 자극하는 재채기를 털어내듯 나는 그저 음산한 울음을 나직이 풀었을 뿐이다. 그 때 나는 제법 지겟작대기만큼 자란 청년 구렁이로 세 번째 허물을 벗었다.

4

내남 없이 주려 넘던 보릿고개였으나 사발입보다도 형제들 목구녕이 턱없이 크게 벌어지던 그 시절, 마른 눈물도 없이 술지게미를 집어넣던, 새 주둥이처럼 빨간 늬 형제들의 목젖을 보았다. 다만, 보았을 뿐이다. 나로서도 살찐 개구리 만나기가 늬 형제 이밥 보기처럼 어려운 시절이었다.

5

그 해, 올도토리가 여물 무렵이었다. 나는 다섯 번째의 허물을 벗었다. 허물을 인간의 눈에 띄게 하는 것은 구렁이 세계의 금기였으니, 칠칠치 못한 나의 허물은 두고두고 구렁이 세계를 살아가는 데 큰 허물이 될 것이었다. 그러나 그 때 나의 실수는 나를 다른 구렁이의 운명으로부터 갈라놓는 것이기도 했다. 흐물흐물 내 근육의 틀림대로 양껏 부푼 내 허물은 실제 몸보다 크게 보였을 터, 마당을 쓸던 누이를 보고 에미가 말했다. '두거라. 이거는 아마도 우리 집 업이 틀림없다.' 나는 그것이 무슨 말인지 몰랐으나 에미의 목소리는 나직하고 경건했다. 그 목소리는 나를 사로잡았다.

6

나는 곧 이 집으로부터 나직하고 경건하게 불리는 어떤 존재가 되어야 함을 눈치챘고, 열심히 그 나직하고 경건하게 불리는 어떤 존재의 행태行態를 연구하기 시작했다. 오래잖아 나는 그것이 이 집안의 길흉화복을 당기고, 물리치는 가신家神의 역할임을 깨달았다. 나직하고 경건한 존재의 다른 이름이 지킴이라는 것도 알게 되었다.

7

늬 에미는 억척스럽고 총명했으며, 형제들은 착하고 똑똑했다. 이것은 나, 지킴이의 말이 아니라 동리 사람들의 수군거림이다. 큰성이 명문 중학교에 붙자, 둘째 성과 시째 성이 우등상을 타왔으며, 누이는 글짓기 상을 타고 에미는 장한 어머니 상을 타왔다. 부끄럽지만 큰애비와 애비의 죽음도, 발가락 움이 돋는 양말의 가난도 내 탓이 아니었던 것처럼 이 모두 내 탓은 아니다.

8

지킴이가 된 나는 연애도 잊고 이 집에 '내 탓'을 얹으려 했으나 뜻대로 되지 않았다. 가난했으나 스스로 꿈을 세울 줄 알았고, 꿈을 세웠으나 꿈을 위해 남과 다투지 않았으니, 아무 것도 도울 수 없는 나야말로 이 집에서 가장 가난한 지킴이였다.

9

너 막내의 수염이 거뭇해지자 머리 큰 성들은 명절마다 수군거렸다. '도시로 가자!' 나는 찬피동물의 속성도 잊어버린 듯 머릿속이 뜨거워졌다. 필시 이 이농 계획은 나를 빼놓은 구상이 틀림없었다. 나는 아직까지도 도시의 아파트에 깃들어 사는 지킴이에 대해 들어본 적이 없다.

10

늬 가족이 도시로 떠나가던 날, 나는 아침 일찍 슬그머니 건너말 송골로 가서 이삿짐을 옮기는 너희 가족을 보았다. 나직이 울었으나 늬 가족이 들을 정도는 아니었다. 대관절 빈 집을 지켜야 하는 지킴이란 무엇인가. 그해 가을, 겨울 잠 준비도 잊고 가으내 굶었다.

11

가끔 소식을 듣기는 했다. 첫째가 장가가고, 둘째가 장가가고, 셋째가, 마침내 너 막내마저 장가갔다는. 형제들 모두 메추라기 흩어지듯 분가해 버리자 어지간히 늙은 나는 또 혼란스러웠다. 나는 이제 첫째네 지킴이가 될 것인가, 둘째네 지킴이가 될 것인가. 그러나 곧 깨달았지. 모두 도시 속에 자리잡은 그 어느 곳도 내가 갈 곳이 아님을.

12

 늬 가족 떠난 지 십몇 년, 마당과 청뜰엔 잡초 무성코, 방마다 들쥐들이 쑤알거리는 빈집이지만 아직도 이 집 안엔 늬들은 잊어버린 늬 형제들이 살고 있다. 성들은 부산하게 책가방을 싸고, 오늘도 장아찌 반찬에 보리밥 도시락을 싸는 에미와, 빈집 지키며 처마 그림자를 재는 막내둥이가 이토록 선명하거늘, 나는 언제까지나 이들의 유년의 꿈에 귀기울이며, '내 탓'을 얹기를 희망할 것이다. 어쩌면 오래잖아 이 집을 찾은 형제들 중 하나는 다시는 보지 못 할 내 마지막 허물을 집어들고 나직하고 경건하게 중얼거릴 것이다. '아아, 이것은 우리 집 업이었지'라고.

어머니 1

 즌 데만 디뎌온 것은 아니었으리라. 더러는 마른 땅을 밟아 보기도 했으리라. 시린 눈밭에 얼기만 한 것은 아니었으리라. 더러는 따스한 아랫목에 지져보기도 했으리라. 구멍 난 흙양말을 신기만 한 것은 아니었으리라. 더러는 보드라운 버선코를 오똑 세워보기도 했으리라. 종종걸음만 친 것은 아니었으리라. 더러는 덩실 어깨춤을 실어보기도 했으리라.
 열무김치에 물 말아 자신 밥상 너머 물 낡은 몸뻬 밑으로, 아니 혼곤한 낮잠 사이로 비어져 나온, 뒤꿈치가 풀뿌리처럼 갈라진.

어머니 2

 밭베 매던 엄마, 소나기 내리치자 감나무 밑에 비 긋고 섰다 집으로 돌아오시네. 누런 삼베 적삼에 김이 모락모락 피어오르네. 처마 타고 떨어지는 낙숫물에 흙 묻은 손 훔치시고, 모처럼 낮잠 주무시네. 적삼 밑으로 흘러내린 젖가슴 나를 유혹하네. 빈젖 물고 나, 엄마 옆에 눕네. 마흔넷에 날 낳은 어머니, 내 기억엔 언제나 빈젖이었네. 비록 빈젖이었지만 따스한 그 비린내만으로도 나 무병하게 자랐다네.
 엄마처럼 잠은 안 오고 빈젖 빨고 있자니 문득 허기가 몰려오네. 일어나보니 어느 새 비 그치고 날 들었네. 엄마, 엄마, 자시지 마, 날 들었어. 곤한 엄마, 끄떡없네. 세게 흔드네. 엄마, 자시지 마, 날 들었어. 점심 먹고 밭베 매야지. 오냐, 오냐. 말뿐. 엄마아— 그만 자셔! 나 배고파아— 어머니 문득 벌떡 일어나 웃으시며 이놈아, 내가 뭘 혼자 먹길래 자시지 마, 자시지 마, 하니? 응? 뭘 주고 그만 자시래. 아이참 그만 자시래두— 깔깔, 그럴 땐 주무시지 마, 해야지. 자시는 건 으른이구, 먹는 건 애들이지?

　아항! 그렇구나.
　어쨌든 나 배고파아! 밥 줘!
　그래그래, 밥 주고말고.
　상추쌈 먹는 동안 이정골에 쌍무지개 걸렸다!

어머니 3

 새 핵기 때도 선상님 인사 못 가고, 오늘랑은 비가 와서 묵장사도 못 나가게 생겼으니 열 일 제치고 늬 선상님께 인사나 갈란다.
 아이참 엄마, 안 오셔도 된다니까.
 안 가도 되긴! 자식 매껴놓고 얼굴도 안 비춘다고, 선상님이 속으로 욕하신다.
 욕 안 하셔. 나 말고도 부모님 안 찾아오는 애들이 얼마나 많은데. 제발 찾아오지 마아.
 그래도 부모 인사차림이 그게 아니다. 니가 삼핵년 일반 맞지?
 나두 몰라.
 볼멘소리, 낡은 책가방 하나 휭하니 사립문 없는 마당을 달려나간다.

 애애, 저 봐라. 창 밖에 누구네 할머이 오셨다.
 월요일부터 바뀐 계집애 짝지가 옆구리 쿡쿡 찔러 돌

아보니 물 날은 옥색치마 저고리 하얗게 빨아 입은, 여름내 까맣게 탄 얼굴 더욱더 까매보이는, 손등이 껍질 벗기잖은 참낭구 괭이자루 같은, 비가 와서 묵장사를 못 나간, 예쁘게 화장한 시내 아이들 젊은 엄마들과는 너무도 다른, 선생님께 연신 허리 굽히며 아리랑 한 보루를 건네어 드리는, 너무나도 낯익어서 설고 부끄런, 쉰 살이 훨씬 넘은……

어머니 4

아유, 나야 뭐 손구락에 흙 안 묻히구 재들 덕에 호강이지유.

호강은 손바닥부터 나타날까? 모처럼 잡아본 엄마 손이 보드라워 깜짝 놀라 살펴보니 주민증에도 흐릿하던 지문이 또렷하다.

시상에 아파또에 살어보니 어찌나 존지 촌에선 다시 못 살 것 같아유. 따신 물 틀믄 따신 물 나오구, 즌깃불 화안하지, 테레비 잘 나오지, 호미질을 하나 낫질을 하나, 물지게 진다구 어깨가 벗어지나, 애들 올 때마다 이놈 저놈 용돈 주구―. 이제 고생 다 끝났시유.

호강탄 우리 엄마, 앵무새처럼 되뇌는데 자세히 보면 먼산바라기다. 검은 손 보애졌으나 검버섯 더욱 선명해진 우리 엄마, 종일 할 일 없다.

어머니 5
— 검버섯

산나물 캐고 버섯 따러다니던 산지기 아내
허리 굽고, 눈물 괴는 노안이 흐려오자
마루에 걸터앉아 먼 산 바라보신다
칠십 년 산그늘이 이마를 적신다
버섯은 습생 음지 식물
어머니, 온몸을 빌어 검버섯 재배하신다
뿌리지 않아도 날아오는 홀씨
주름진 핏줄마다 뿌리내린다
아무도 따거나 훔칠 수 없는 검버섯
어머니, 비로소 혼자만의 밭을 일구신다

아버지 1

 풍으로 떨던 아버지, 나 하나도 슬프지 않았네
 내 나이 다섯 살, 지팽이 짚은 아버지 허리춤 풀어 주며 오줌 시중 들어도 나 하나도 가엾지 않았네
 어머니는 일하러 나가는 사람, 아버지는 그저 방 안에 있는 사람
 이따금 콜록거리는 기침과 긴 한숨이 문턱을 넘어왔지만, 나 무시했네
 나를 사로잡은 건 그보다 능구렁이나, 다람쥐 울음소리였다네
 어느 날 아버지, 잠자리 꼬리 밀짚 꿰어 시집보내던 나를 불렀네
 막내야, 산내끼 좀 가져다 다오―
 고무신 꿴 아버지 댓돌 아래 나오시네
 아부지, 산내끼 여기
 가까스로 헛간으로 오신 아버지, 새끼줄로 목을 매시네

나 말리지 않았네

발버둥치던 아버지, 새끼줄이 끊어지자 청뜰에 떨어져 피투성이가 되었네

나, 그제서야 앙 하고 울었네

아버지는 그 후로 일 년을 더 사셨네

아버지 4

눈 쌓인 동짓달 초나흗날이었지
어머니는 안절부절 못하셨다
아버지 머리 흔들어 깨우시나 아무런 대꾸도 없었다
곤했던 평생이 부르는 마지막 잠을 앞두고 계신 거였지
그날따라 성들은 누가 부른 듯이 일찍 귀가했다
어머니와 육남매 둘러앉아 머리 큰 차례로
어깨를 들먹이기 시작했지.
 예감한 어머니, 숭늉 한 대접 떠와 한 숟갈씩 떠넣으라 하셨다
 후제 어머니 말씀하신다
 그래도 복 있는 냥반이지. 육남매 종신 다 보고,
 숭늉 한 그릇 다 자시고 떠나셨으니……
 어찌 알았는지 동네 사람들 수런대며 들어선다
 천수답 논달뱅이 옆에 서 있던 상수리나무 베어 화톳불 밝혔다
 하필이면 밤톨만한 왕도토리나무를 벨 게 뭐람

여섯 살짜리 나, 서운했지만 아무 말도 못했다
임종 때 덩달아 울먹이던 나, 그 눈물 까맣게 잊고 아줌마들
마당에 솥뚜껑 엎어놓고 전 부치는 풍경에 군침 삼키며 말했다
나 부침개 좀 줘
그후, 머리가 큰 나, 상주가 식욕이라니—
도리질하며 부끄럼을 털곤 한다

어머니는 그후, 더 이상 여성으로만 살 수 없었다
대마디 같은 손, 솔거죽 같은 발꿈치, 지게 진 뒷모습,
누가 내 기억 속 어머니의 사진에 아버지의 모습을 합성시켜 놓았는가

아버지 5

아버지, 서른 살 난 막내아들 찾아왔습니다
아버지 입술 새로 숭늉 떠넣은 지 벌써 스물네 해쩹니다
저도 이제 많이 컸지요?
같이 온 키 작은 색시가 누구냐구요
아버지 막내며느리 될 사람올시다 장씨 댁 규수지요
터주님께도 빌고, 조왕님께도 빌고,
조상님께도 잘 비는 우리 어머니,
이미 기도로서 기별했겠지마는
날 잡고 초례 올리기 전에 이렇게 데려왔습니다
아버지 마음에 드시나요?
제가 아버지 눈썰미 닮았다고들 하니까 아버지 맘에도 드실 줄 압니다
키는 작아도 당차지요 손은 작아도 마음은 토란잎이구요
술 한 잔 올리겠습니다
아버지, 며느리가 선물을 준비해 왔답니다.

즉 결혼식 날 입고 오시라고 한복 한 벌 해왔지요
　어서 일어나 입어보세요
　옥색 저고리에 호박 단추, 잘 어울리실 거예요
　막내며느리 보는 날 입고 훨훨 날아오시라고
　옷고름에 불꽃으로 수를 놓아드리겠습니다
　반갑고 기쁘시면 활활 타오르게 하세요
　고맙습니다, 아버지
　결혼식 날 꼭 오셔서 폐백 받으세요
　잡풀 다 뽑아드렸지만 봉분에 핀 쑥부쟁이 한 포기 두어 두고 갑니다
　바람에 흔들리나 맑게 웃는 모습이 어머니 닮았습니다

누나야

누나야
다섯 살 어린 동생을 업고 마실갔다가
땀 뻘뻘 흘리며 비탈길 산지기 오두막 찾아오던 참대처럼 야무진,
그러나 나와 더불어 산지기 딸인 누나야
국민학교 때
'코스모스 꽃잎에 톱날이 박혀 있네
톱질하시던 아버지 모습 아련히 떠오르네'
동시를 지어 백일장에 장원한 누나야
나이팅게일이 되겠다고, 백의천사가 되겠다고
간호 대학에 간 누나야
졸업한 다음 시내 병원 다 뿌리치고 오지마을
무의촌 진료소장이 된 누나야
부임 첫날 다급한 소식 듣고 찾아간 곳 다름 아닌
냄새 나는 축사, 난산의 돼지 몸 푸는 날이었다고
다섯 마린지 여섯 마린지 돼지 새끼 받아내느라

혼났다던 스물두 살 누나야
못난 동생 시인 됐다고 그럴 줄 알았다고
머리 쓰다듬던 누나야
병든 엄마 병들었다고 누구보다 먼저 친정 달려와
링거병 꽂고 가는 양념딸 누나야
이제 곧 큰 길이 나고 사라진다는 고향마을 중고개에
아직도 나를 업고 가느라 깍지 낀 손에
파란 힘줄 돋는 누나야
세상의 모든 누나들을 따뜻한 별로 만든
나의 누나야

외딴 유치원

아랫목에 밥 묻어 놨다—
어머니, 품 팔러 새벽 이슬 차며 나가시고
막내야, 집 잘 봐라
형, 누나 학교 가고 나면 어린 나 아버지와 집 지키네
산지기 외딴집 여름해 길고,
놀아줄 친구조차 없었지만 나 하나도 심심하지 않았다네
외양간엔 무섭지만 형아 같은 중송아지,
마루 밑에 양은냄빈 왈칵 물어도 내 손은 잘근 씹는 검줄이,
타작 끝난 콩섶으로 들락거리던 복실꼬리 줄다람쥐,
엄마처럼 엉덩이 푸짐한 암탉도 한 마리 있었다네
아아 낯설고 낯설어라, 세상은 한눈 팔 수 없는 곳—
원생은 나 하나뿐인 외딴 유치원, 솔뫼 고개 우리 집
아니 아니, 나 말고도 봄에 한배 내린 병아리 떼가 있었네

그렇지만 다섯 살배기 나보다 훨씬 재빠르고 약았다네
병아리 쫓아, 다람쥐 쫓아 텃밭 빠대다보면,
아버지 부르시네
풍으로 떨던 아버지,
마당에 비친 처마 그림자 내다보고 점심 먹자 하시네
해가 높아졌네, 저 해 기울면 엄마가 오시겠지

자연의 학교

솔뫼골 산지기 외딴집 내 나이 여섯 살, 누가 펼쳐놨으까. 저만치 봇도랑 너머 논두렁 밭두렁이 줄 잘 그어놓은 공책이잖구. 물 댄 올벼논께부터 읽어볼까. 가갸 거겨 고교 구규 그기. 개구리 선생이 시작하면 질세라, 까치는 까꺄 두꺼비는 꺼껴 장닭은 꼬꾜 구렁이는 꾸뀨 장끼는 끄끼. 나는 두 팔 내저으며 깔깔.

셈을 해 볼까? 나팔꽃은 외 잎, 움트는 호박 떡잎은 두 잎, 토끼풀은 세 잎, 달맞이꽃은 네 잎, 외양간보다 더 높은 아카시아 잎사귀는 무량대수. 호주머닐 뒤져보니 울쿤 풋복상이 다섯 개 있었는데 두 개 먹고 나니 시 개 남았네?

아무도 음악시간이라 말하지 않아. 다만 귀를 열어놓았을 때야. 딱딱딱 나무 쪼는 딱따구리나, 통통통 양철 루핑 두드리는 빗방울소리는 타악기야. 필릴리, 호드기와 보리피리는 관악기고, 성아 필통뚜껑에 고무줄 뚱기는 나는 현악기 연주자지.

　여우비가 왔다. 앞산에 걸린 무지개 팔레트에 마음을 흠뻑 담궜다가 눈을 옮기면, 봐 철쭉은 분홍, 채송화는 빨강, 새순은 파롷지? 이것 저것 그리다 지쳐 눈을 감으면 세상은 온통 까망.

　노랑나비 한 마리 너울너울 날아가거든 고양이처럼 뛰어보렴. 산개구리 한 마리 잡으려거든 검줄이처럼 약이 나서 달려보렴. 살구를 따려거든 원숭이처럼 매달려 보렴. 대낭구 검을 휘둘러 보자. 후두둑 단칼에 망초꽃이 지는구나.

　망초꽃 베다 해 떨어졌다. 식구들 둘러앉아 애호박 숭숭 썰어 넣은 칼국수 한 그릇씩 비우고 평상에 누우면,

하나 둘 초저녁별이 돋는구나. 얘, 별자리 공부할까? 누나 무릎을 베고 어디, 어디? 오리온자리 대신, 전갈자리 대신 누나 손가락만 보다가 별이 돋는 걸 다 못 보고 나 잠이 든다.

감꽃 속에 있다가

외딴집에 종일 놀다가
그동안 어디 있었니? 누가 물으면
으음, 음 한참 생각하다가
감꽃을 주울 땐 감꽃 속에 있다가요
삘기를 뽑을 땐 삘기 속에 있다가요
풍뎅이를 잡을 땐 풍뎅이와 있다가요
검줄이와 놀 땐 검줄이와 있다가요
요렇게 대답하지 못하고
그냥 집에 있었지요, 뭐

아무리 파 보아도

어릴 적 봄날
노오란 개나리가 너무 눈이 부셔서
뿌리 밑을 삽으로 파 보았어요
그렇지만 아무리 파 보아도
노랑색 흙은 없었습니다
나리꽃 밑을 파 보아도
주황색 흙은 없었습니다

고요

    메밀묵 팔러 시내 가신 엄마, 앞들에 땅거미 지도록 돌아오지 않아
    섬돌에 앉아 목 빼어 고갯길 바라보노라면
    외딴집 외딴 마당은 아득히 고요해
    건너 마을 저녁연기도, 개 짖는 소리도 그치면
    빈 묵판 달각이는 엄마 발자욱 소리 들려오도록
    세상은 너무나 고요해
    집 나간 강아지 검줄이 집도 고요해
    빚 대신 팔려간 중송아지 없는 외양간도 고요해
    장작불 사위어든 쇠죽솥 고래도 고요해
    이태 전 돌아가신 아버지 기침소리도 나지 않는,
    학교 간 누나도 돌아오지 않는 두 칸 방도 고요해

    달이 먼저 뜰라나, 엄마 먼저 오실라나
    토옥— 톡!
    가으내 바싹 마른 달맞이꽃 씨앗 터지는 소리

평상

애들아, 저녁 먹자, 등잔불 끄고 평상으로 나오너라
허기진 나는 꿩에병아리처럼 튀어나가고
암탉 같은 엄마는 양푼 그득 수제빌 안고 온다
니째 성, 모깃불에 풀 한 웃 더 얹고
다답바른 누나가 숟가락 쥐어줄 새도 없이
아이 내구어— 아이 내궈 식구들 둥글게 모여 수제빌
먹는다
하아, 개복상낭구에 걸렸던 애호박이 맛있구나

식구들 모두 부른 배 내어놓고 평상에 누우면
나도 볼록한 조롱박 두드리며 누나 팔베개 고쳐 벤다
소 없는 외양간 위에 박꽃이 환하구나
으음, 박꽃!
박꽃? 꽃밭!
밭두렁!
렁? 렁?

나는 말꼬릴 잇지 못해 발을 구르고 누나는 깔깔대며 내 코를 비튼다
　누가 밤하늘에 옥수수알을 뿌려놨으까
　까막새가 다 줘 먹는걸 보지 못하고 나는 잠이 든다

가정방문

이 일을 어쩌믄 좋아, 저기 저기 감낭구 아래 담임 선생님 가정 방문 오시네. 오늘 낼 넘기믄 안 오실 줄 알았지. 뒤란에 숨으까 산으로 가까, 콩밭에 숨으까 수수밭에 숨으까. 마음은 동서남북 사방팔방 첫서리하다 들킨 것처럼 뿔뿔이 달아나는데 몸은 왜 이리 고구마자루 같으까, 옴쭉달싹 못 하고 가슴은 벌렁벌렁, 선생님 벌써 사립문 없는 삽짝에 들어서시네… 선생님 오셨어유? 치란아, 어머니 어디 가셨냐. 밭에 가셨나 봐유. 지가 불러 올게 잠깐 기다리세유… 엄마, 엄마, 선생님 오셨어. 열무밭 매던 엄마, 허겁지겁 달려 나오시는데, 펭소에 들어오지 않던 우리 엄마 입성이 왜 저리 선연할까. 치마 저고리 그만두고, 나무꾼이 감춘 선녀옷 그만두고, 감물 든 큰성 난닝구에, 고무줄 헐건 몸뻬바지 넥타이허리띠로 동여매고, 동방위 받는 시째 성 깜장색 훈련화 고쳐 신고 달려 나오시는데, 조자룡이 헌 창 쓰듯 흙 묻은 손에 호멩이는 왜 들고 나오시나.

양푼에 조선오이 삐져놓고, 찬물 한 대접 곁들여놓고, 엄마 옆에 붙어 앉았지만 선생님 말씀 듣기지 않고, 기름때 묻은 사기등잔이, 구멍 난 창호지가, 흙 쏟아지는 베름짝이, 쥐오줌에 쳐진 안방 천장이, 잡풀 돋는 헛간 지붕이 용용 죽겠지 눈 꿈쩍이며 선상님 나 여깄수 소릴 치네. 중고개 이정골 통틀어 제일 외딴집, 전기도 안 들어오는 산지기 집에 담임 선생님 오신 날, 나 이 날 잊을 수 없었네. 잊을 수 없어서 선생님 오신 다음 다음날 일요일 날, 나 뒷산에 올라 대낭구 장대로 참낭구 시퍼런 누에고치를 두들겨 털었다네. 이놈 따다가 우리 엄마 참낭구 새순처럼 은은히 푸른 비단 치마 저고리 해드려야지. 털고 또 털어 대소쿠리 그득 고치 챴지만, 그러나 엄마는 그 고치 내다 팔았고, 나 울면서 그 돈 타다 공책 샀다네.

월식

돼지우리 삼은 큰 궤짝 걷어차며
이놈 팔아 나 중핵교나 보내주지
거듭 걷어차던 시째 성 집 나갔다
대처 나간 성들도 소식 없었다

사진틀 끌어안고 눈물짓던 엄마는
묵판 이고 나가다 빙판에 팔 부러졌다
말 없는 니째 성 더욱 말 없고
말 잘 하는 누나도 말이 없었다

겨울 바람은 왜 쌀 떨어지고, 옷 떨어지고,
땔감 떨어진 집을 더 좋아하나
연기 솟는 방고래, 흙 쏟아지는 베름짝이
무에 문제냐고 하룻밤 묵어 가잰다

마실 갔다온 엄마가 말씀하신다

이상한 일도 다 있지 마실 갈 땐 둥실하던 보름달이
슬슬 줄어들어 그믐처럼 깜깜터니
돌아올 때 그짓말처럼 환하지 않더냐

그게 월식인 줄 대처 나간 성들은 알고 있었을까
얼음보다 더 찬, 멍석보다 더 큰 그믐달이
슬슬 가려주던 우리 집 언젠가
그짓말처럼 환해질 줄 알고 있었을까

밥그릇 만들기

 부뚜막 오른쪽 옹솥 마주 본 찬장 앞에 쌀독이 하나 있었지. 서툰 옹기쟁이 손가락 난을 친, 한쪽 배가 늘어져서 주둥이가 기울어진, 쌀이 차도 둥글고 쌀 없어도 둥글던, 뚜껑 대신 다리 부러진 동글뱅이 밥상을 엎어놓았지만 아귀가 맞지 않는.

 엄마가 양재기 쌀독 긁는 소리, 쓰윽 쓱— 하면 아직은 안심. 독독독 하면 그게 걱정.

 어쨌거나 식구들 밥상에 둘러앉으면 허기가 장사구말구, 젤루 어린 나 젤루 용감하게 양은 숟갈로 무장하고 양은 밥그릇을 무찔러나가는데, 보리밥 한 그릇 고추장에 썩썩 비벼 아귀아귀 우겨넣으면 어느 새 드러나는 양은 바닥, 하얀 바닥.

 숟가락 빨며 엄마 눈치 힐끔 보니, 뜻밖의 한 마디.

 우리 막내둥이 밥그릇 하나 자알 만들었구나!

 ?…… 비운 걸까 만든 걸까.

 휑한 빈 그릇 다시 한 번 쳐다보면 민망하고 우쭐했네.

까막새

 까막새야, 육 년 전에 큰아들 데려간 까막새야. 묵 한 모 주랴? 올겨울게는 지아비두 죽었다 까막새야. 등록금 없어 중핵교 못간 시째는 집나갔다 까막새야. 깨진 묵 한 모 주랴? 애들 싯 남은 방구들은 여전히 차건만, 불 때도 안칠 쌀 없다 까막새야. 성한 묵 한 모 주랴? 이 고개 넘고 저 개울 건너, 묵 한 판 다 팔아야 쌀 닷 되는데 까막새야. 심봉사 나막신 신고 빙판 걷듯, 삐뚠 부뚜막에 달걀 놓듯, 두둠발이 두둠두둠 묵판 이고 가던 길이었다 까막새야. 까짓거 빙판에 부서진 묵판쯤이야 암것도 아니다 까막새야. 깨지고 으서진 메밀묵쯤이야 암것도 아니다 까막새야. 부서진 묵판은 못질하면 되구, 깨진 묵은 다시 쑤면 되지만, 깨지구 부서진 게 메밀묵뿐이더냐. 말해다오 까막새야, 참말 부서진 게 메밀묵뿐이더냐. 이리 가두 산이구 저리 가두 산이로구나. 휘어진 허리 묵판 이고 몇 번을 더 넘어야 이 고개 아주 넘는다냐. 고무신 몇 켤레면 이 고개가 닳는다냐. 묵 한 모 줄

게 말해다오. 얄궂은 고갯길은 날 자빠뜨리구두 얼러주고, 모진 칼바람은 따귈 때리구두 눈물마저 훔쳐가니, 얼굴은 우는 상호래두 울지두 못 하겠구나 까막새야.

쇠뜨기

 나가자, 비 올 때까지 기다릴 것 없다. 여기는 본래 우리 땅이다. 나가자, 땡볕이면 어떠냐, 깊고 깊은 우리들의 뿌리 아직도 촉촉한걸. 도마뱀의 자절自切을 보았느냐. 꼬리가 잡히면 꼬리를 떼어준다. 도마뱀보다 더한 우리들의 자절을 보겠느냐. 줄기가 절개 아니다. 온몸을 마디마디 잘게 쪼개놓았으니 한 마디 잡히면 한 마디를, 두 마디 잡히면 두 마디를 떼어 주마. 나가자. 이 산전뙈기 부치는 산지기 아줌마, 품 파느라 아시 매고 이듬 맬 겨를 없다. 솔뫼골 하늘바라기 논달뱅이 옆에 자갈투성이 밭베 밭을 점령하는 쇠뜨기를 보았느냐.

 애들아, 걱정할 거 없다. 산지기로 왔으니 집세 줄 일 없다. 살아보자, 남의 땅이면 어떠냐 몸만 건강하면 된다. 아랫돌 빠지면 윗돌 빼어 괴고, 윗돌 무너지면 아랫돌 빼어 얹자. 최 씨네 품값 받으면 넷째 육성회비 주고, 열무 단이나 뽑으면 막내 육성회비 주마. 언덕 너머 밭베 밭에 간 지 오래됐다. 반공일 날 일찍 와서 김매러 가자. 먹성 좋은 우리 엄마, 보리밥 썩썩 비벼 자시고 윗목에 쓰러져 주무신다. 홑이불 밖으로 튀어나온 발꿈치에 쇠뜨기 움이 자란다.

밤 거무 근심 거무

새복 거무는 손님 거무구, 밤 거무는 근심 거무라는데…….

사기 등잔 심지 돋궈 양말 깁던 엄마 중얼거림을 쫓아보니 도토리만한 왕거무가 돌돌돌 방바닥을 기어간다.

해필이믄 또 밤 거무람.

나는 단숨에 파리 잡듯 손바닥으로 납작하게 눌러버리고 싶지만 잡아 죽이면 안 되는 줄 잘 알고 있지.

거무야 거무야 밤 거무야, 니가 나타나면 우리 엄마 시름이 거무줄 풀리듯 늘어나고 이맛살 가득 거무집 짓듯 주름살 잽히는 걸 니가 아느냐, 모르느냐.

조심조심 잡기장 찢어 밤 거물 걷어 문 밖에 내다버리며 엄마 얼굴 흘끔 보니, 웃기도 잘 웃고 울기도 잘 우는 우리 엄마, 어느 새 그렁한 눈동자에 등잔불이 일렁인다.

엄마 시름 다는 몰라두 나두 몇 가지는 알고 있지. 엄마 한숨 듣기 전에 냉큼 까막 이불 속으로 미끄러지니 네 어디 숨냐는 듯 시름 하나 발에 채인다. 아랫목에 묻어 둔 밥그릇이 발랑 제껴졌다. 집 나간 시째 성 오기 전엔 엄마 목으치 찬밥이다.

넘어갔다!

'넘어간다, 넘어간다, 넘어간다…….'
 보리밭 갈던 순희 아부지 느닷없이 워워— 가던 소 잡아 세우고 밭두렁에 극젱이 꽂아둔 채 단감나무 선 언덕배기로 달려가 소리 지르기 시작한다.
 가짓잎꽹이로 흙덩이 부수던 엄마와 나, 멍하니 서서 그 모습 바라보지만 영문을 알 수 없어 마주본다.
 '순희 아부지, 넘어가긴 뭐가 넘어가유?'
 '…넘어간다, 넘어간다, 넘어간다…….'

 '얼릉 놉 얻어 밭을 갈아야 보리도 뿌리고 마늘도 놓을 텐데. 하도 일손이 귀하니 어디 가서 놉을 얻는다니…….'
 메칠이고 노랠 부르던 엄마, 마침내 오늘 경식이네 소품 사고, 순희 아부지 놉 얻어 포원 풀던 참에 해는 설풋 기울어 마음이 바쁘건만 저 냥반은 왜 또 저런다냐.
 '대체 넘어가긴 뭐가 넘어가유?'

'넘어간다, 넘어간다아아-, 넘어갔다!'

 후유우- 한숨 길게 쉬며, 그러나 한껏 상기된 얼굴로 순희 아부지 가리키는 손끝엔 가을해가 서산 뒤로 떨어지고 있었다.

'아줌니, 해 떨어졌으니 나 가유.'

 순둥이처럼 착하지만 살풋 모자란 순희 아부지 그 모습, 이십 년 지난 지금도 선명타.

확인 못한 이야기들

참외밭

누나, 누나, 여기 누가 참외 따갔네? 꼭지만 남았어.

아, 그거! 아마 고슴도치가 따갔나 보다. 너, 고슴도치가 왜 밤송이처럼 가시가 돋쳤는지 모르지? 이빨로 참외꼭질 갉아서 똑 뗀 담에 등가시로 콕 찍어서 짊어지고 엉금엉금 기어간단다.

증말이야?

뒤란에 다람쥐

성, 니째 성, 나 다람쥐 한 마리만 잡아 주면 얽으미에 넣고 키우지.

임마, 다람쥐를 어뜨케 잡냐. 아, 한 가지 방법이 있긴 있다. 장독대 뒤에, 밤나무 밑에 다람쥐 많지? 다람쥐가 밤 줏어 먹느라 정신없을 때 갑자기 바람 불면 알밤이 떨어져 가끔 다람쥐들이 뒤통수 맞고 기절한다더라. 알밤

맞은 다람쥐 보면 내 주워서 너 주지. 너도 바람 불 때 잘 봐라?

… 알았어!

꿩동산

꿔어꿔꿔ㅡ 엉ㅡ
아부지, 꿩괴기가 닭괴기보다 맛있나?
그으럼, 열이 먹다 아홉이 죽어도 모른단다.
아부지 그러면 꿩 좀 잡아오지.
니가 좀 잡아서 아부지 꿩괴기 맛좀 보여 주거라.
에이, 내가 어떻게 잡아.
꿩 잡는 건 어렵잖다. 장끼 두 마리가 싸우기 시작하면 한 놈이 죽어야 끝나거든. 넌 가만히 쌈 구경하고 있다가 죽은 놈 한 마리 줏어오면 아부지가 구워주지.
으응…근데 어디서 싸워?

어린이날

 공군 3579부대 기동타격대 반 방위병, 무사히 기지 방어 야간근무 마치고 집에 돌아오니 아무도 없어, 풍년 전기밥솥을 열어 김치에 밥 한 술 뜨는데, TV 채널을 돌리니 '오월은 푸르구나- 우리들은 자란다아-.' 이쪽으로 돌려도, 저쪽으로 돌려도, '오늘은 어린이날 우리들 세상-.' '에이 재미없어.' ON/OFF 스위치를 픽 눌러 끄는데,
 '우리 막내둥이 오셨나?'
 삽짝 문을 열고 칠순 노모가 들어오시네.
 '마실 다녀오셔유?'
 '아니다. 아침에 테리비를 보니까 오늘이 어린이날 아니냐. 우리 막내 뭘 슨물할까 하다가 막걸리 한 병 받아 오는 질이다.'
 '야? 막걸리를?'
 어머니, 빙긋 웃으며 빈 스뎅 그릇을 내미신다.

2부

속도에 대한 명상

잠언

제 뿔이 반달처럼 휘어 관자놀이를 찔린 황소와
부메랑에 제 손가락이 잘린 사냥꾼과
믿는 도끼에 발등 찍힌 나무꾼과
제가 휘두른 쌍절곤에 머리통이 부어오른 무술인이 만나
하소연하는 모임이 있었다
제가 뿌린 농약을 먹고 비칠대는 사람도 참석했다

이 모임의 처음은 빈약했으나
그 나중은 창대하리라

가까운 봄날

지상에 단 한 마리 남은 주홍길앞잡이를
지상에 단 한 마리 남은 개구리매가 꿀꺽
삼켜버렸습니다
어디서 나왔는지 상제나비가
너울너울 춤을 추며 문상갑니다
지상에 단 한 포기 남은 개불알꽃이 툭,
마지막 불알을 떨굴
바로 그 무렵

목격
― 속도에 대한 명상 1

질주하는 바퀴가 청개구리를 터트리고 달려갔다
....
나는 한 생명이 바퀴를 멈추는 데
아무런 제동도 되지 못하는 것을 보았다

늙은 바퀴
— 속도에 대한 명상 2

달동네 새벽 비탈길을 청소부의 손수레가 굴러간다
손잡이를 움켜쥔 채 허공으로 번쩍 들린 청소부의 야윈 몸이
깃털처럼 위태롭다
이때, 손수레를 멈추어주는 저이는 누구인가
믿을 수 없다 나는 저이의 과거를 잘 알고 있다
저이는 한 번도 달리고 싶은 모든 것을 배반한 적이 없다
저이는 천 년을 멈춰 선 바위의 명상이나
거북이의 느린 산책을 비웃었다
저이의 길은 언제나 탄탄대로였으며
줄창 달리고 달려 세상 가득 가쁜 숨소리만 남겨놓았다
저이는 도무지 멈출 줄 모르는 정열의 사내였으며,
오늘날 속도의 왕국을 세운 일등 공신이다
손수레가 다시 치솟다 가라앉는다
대체 무엇이 저이를 변절케 한 걸까
기를 쓰고 시멘트 바닥에 뱃살을 긁히며 비탈길을 부

여잡으려는

    손수레 밑의 늙은 타이어 한 개

바퀴를 보면 세우고 싶다
― 속도에 대한 명상 3

해묵은 비급, 당랑권을 선보이며 불쑥
국도 위로 내려앉은 사마귀를 보았다
찌를 듯한 기세가 미더웁다
저건 고서에도 있는 유서 깊은 싸움이다
그러나 흥분이 고조되기도 전,
가볍게 승용차가 밟고 갔다
푸른 체액이 납작한 주검보다 멀리 흐른다
이게 그들이 펼친 무공의 전부다
하지만 사마귀들은 오늘도 푸른 풀섶에서 찬이슬로
목 축이며
새로운 권법을 연마하리라
반드시 질주하는 바퀴를 세우고 말겠노라고
바퀴처럼 둥근 달 둥글게 떠오르면 더 한층 다짐하리라

길앞잡이의 죽음을 애도함
— 속도에 대한 명상 4

아스팔트, 검은 아스팔트 위로 길앞잡이*가 달려간다
아 저것, 땡볕 쏟아지던 여름 흙먼지 길을
폴짝폴짝 자로 재듯 한 발짝씩 앞서 가던
술 주전자 흔들리며 막걸리 심부름 가는 철부지에게
죽은 큰성 뵈주랴, 죽은 누일 뵈주랴
얄밉게도 한 발짝씩만 앞서서 날던
풍든 애비 떨며 걷던 그 길을 불길한 무덤으로 나꾸어 갈 듯
댓바람에 발길로 으깨고 싶던

그러나 오늘 매연에 그을은 길앞잡이가
차도에 뛰어드는 것을 보았다
유서조차 구겨 넣고, 금록색 등딱지에 핏빛 놀 새겨 넣고,
울음마저 삼킨 채 바퀴에 뛰어드는 것을 보았다
납작한 등딱지만이 제 스스로 수의가 되어 관이 되어
납작한 제 주검을 봉분도 없이 노장路葬하는 것을 보

았다
　제가 뭉개고 가는 것이 저를 인도할 길잡인 줄도 모르고
　죽음보다도 빨리 달아나는 사람들을 보았다

　짚신 신고 타박타박, 고무신 신고 터벅터벅
　힘든 인생살이 더도 말고 덜도 말고
　꼭 한 걸음씩만 살아나오라던
　환한 길 환하게 걷고, 어둔 길 어둡게 걷다보면
　저승 가는 낯선 길이야 제가 다 안내해 주겠다던
　너하널 너하널, 어디가리 넘자 너하널—
　이제 사람들은 삼도내마저 찾지 못하리라
　죽어서 가는 첫길을 뉘에게 물어보리

* 길앞잡이는 환경부에서 정한 보호 대상 곤충의 한 종류이다. 흔히 사람의 앞길을 뛰어날므로 이 이름이 붙게 되었다 한다. 필자의 시골에선 저승길을 인도한다고 해서 저승길라잡이라 부르곤 했다.

풍경 지우기
― 속도에 대한 명상 5

물지게 지고 점순네 논달뱅이 옹달샘 찾아간다
동부넝쿨 우거진 밭두렁이다
얼굴 못 본 큰성 빠져 죽은 묵샘이다
발목 홀치는 푸섶마다 불티 날듯 흩어지는 풀벌레다
콩밭에 설설 기는 저건 까투리다
용용, 눈감고도 빗겨 넘는 돌부리다
돌미나리 웃자란 논배미 위에 함지박만한 옹달샘이다
저녁 이슬에 바짓가랑이가 발목에 휘감긴다

삼호선 수서발 지축행 전철
풍경 대신 열네 개의 역을 알려주는 안내 방송은 친절하다
양재에서 안국역까지
바짓가랑이는 아무 일 없이 보송보송하다

1999, 마이더스 2세
― 속도에 대한 명상 6

쓸모없는 돌덩이도 나무토막도
손만 대면 누런 황금이 되어버리는
부러운 마이더스 왕의 동화를 부럽게 읽었느냐
맛있는 음식도 사랑스런 공주도
손만 대면 싸늘한 황금이 되어버리는
슬픈 마이더스 왕의 이야기를 슬프게 들었느냐
아가야, 사랑스런 내 아가야, 부디 내 손을 잡지 말아다오
내 손에 닿는 순간 너는 한 줌의 사막이다, 모래알이다
날마다 이 별에 그어지는 검은 사막의 등고선 앞
기도하는 마이더스의 손을 이대로 두어다오
오오 아가야, 내 곁에 오지 마라, 껴안고 볼 부비고 싶은 내 아가야

우리들의 타이타닉
― 속도에 대한 명상 7

침몰해가는 배에서 침몰하는 배에 관한 영화를 보는 스릴을 아느냐
불치의 병상에 누워 불치의 아이가 죽어가는 다큐멘터리를 보았느냐
침몰하고 있는 배를 구명정일 거라고 철석같이 믿으면서
철썩, 안심하고 가라앉는 종교를 보았느냐
새순 같은, 고갱이 같은, 눈사람 같은 아가들아,
네가 타고 있는 별이 숯이 되어 식고 있는 걸 아느냐

질주
— 속도에 대한 명상 8

 정신 없이 달려가던 그는 이마에 흐르는 땀방울을 훔치며 외투를 벗어던지고, 와이셔츠를 벗어던지고, 바지를 벗어던지고, 팬티를 벗어던지고, 알몸으로 저만치 달려간다. 쉼 없이 달려가던 그는 마침내 몸마저 벗어던지고 요단 강 건너간다.
 맨몸으로 왔으니 누리는 것 모두가 빚이라. 한 겹씩 빚을 벗어던지며 간다. 움켜쥔 주먹도 버리고, 앙다문 입술도 버리고, 불타는 눈초리도 버리고, 매일처럼 단장하던 머리털, 턱 밑의 면도도 잊어버리고 달려간다… 달려간다. 몸이여, 세든 값도 치르지 못하고 나는 간다. 저만치 주검을 버리고, 죽음이 달려간다.

반성
— 속도에 대한 명상 9

당신은,
봅슬레이를 타고 인생에 대해 반성하는 선수를 본 적이 있는가

서울에서 부산까지
― 속도에 대한 명상 10

서울에서 부산까지
노란 실선을 긋는 것이 직업인 그 사내는
보았다
길 왼편의 암컷에게 가지 못하고
길 오른편에서 울부짖고 있는
오소리를, 개구리를, 도마뱀을
서울에서 부산까지
중앙 분리대를 쌓으며 가던 그 사내는
보았다
생명을 싣고 달리는 바퀴들이
생명을 밟고 다니거나
생명을 내동댕이치기도 하는 것을
서울에서 부산까지
아스콘을 새로 깔며 가던 그 사내는
들었다
수십 번의 봄이 지나갔으나

잎이 되지 못하고, 줄기가 되지 못하고
웅크려 앓고 있는 씨앗들의 음성을

그 사내 어느 날
서울에서 부산까지
둘둘둘 아스팔트를 말며 간다
젖은 흙살 위로 쏟아지는 저 붉은 햇살!
사내는 다시
부산에서 서울까지
나무를 심으며 온다
발자국마다 질경이가 돋고
민들레 다시 핀다
꼭꼭 숨어 있던 동물과 곤충들
멸종 도감의 원색 화보를 밀치며
하나씩 둘씩 달려나온다

한 걸음
— 속도에 대한 명상 11

드물게 나무 아래 내려온 늘보가
땅이 꺼질세라 뒷발을 들어 앞으로 떼놓는다
나뭇잎에 앉아 있던 자벌레가 활처럼 굽은 허릴 펴
삐죽 앞으로 나앉는다
맹수에 쫓긴 토끼가 깡총 뛰어오른다
버섯조각을 입에 문 개미가 쏜살같이 내닫는다
첫돌 지난 아기가 뒤뚱거린다

보폭은 다르지만 모두 한 걸음이다

한평생
— 속도에 대한 명상 12

 요 앞, 시궁창에서 오전에 부화한 하루살이는, 점심때 사춘기를 지나고, 오후에 짝을 만나, 저녁에 결혼했으며, 자정에 새끼를 쳤고, 새벽이 오자 천천히 해진 날개를 접으며 외쳤다. 춤추며 왔다가 춤추며 가노라.

 미루나무 밑에서 날개를 얻어 칠일을 산 늙은 매미가 말했다. 득음도 있었고 지음이 있었다. 꼬박 이레 동안 노래를 불렀으나 한 번도 나뭇잎들이 박수를 아낀 적은 없었다.

 칠십을 산 노인이 중얼거렸다. 춤출 일 있으면 내일로 미뤄 두고, 노래할 일 있으면 모레로 미뤄 두고, 모든 좋은 일은 좋은 날 오면 하마고 미뤘더니 가쁜 숨만 남았구나.

 그 즈음 어느 바닷가에선 천 년을 산 거북이가 느릿느

릿 천 년째 걸어가고 있었다.

모두 한평생이다.

나를 멈추게 하는 것들
― 속도에 대한 명상 13

보도 블록 틈에 핀 씀바귀꽃 한 포기가 나를 멈추게 한다

어쩌다 서울 하늘을 선회하는 제비 한두 마리가 나를 멈추게 한다

육교 아래 봄볕에 탄 까만 얼굴로 도라지를 다듬는 할머니의 옆모습이 나를 멈추게 한다

굽은 허리로 실업자 아들을 배웅하다 돌아서는 어머니의 뒷모습은 나를 멈추게 한다

나는 언제나 나를 멈추게 한 힘으로 다시 걷는다

사라진 동화 마을

더 이상 불순한 상상을 금하겠다
달에는 이제 토끼가 살지 않는다, 알겠느냐
물 없는 계곡에 눈먼 선녀가 목욕을 해도
지게꾼에게 옷을 물어다 줄 사슴은 없느니라
아무도 호랑이에게 쫓겨 나무 위로 올라갈 일이 없을 것이며
나무 위에 오른들 더 이상 삭은 동아줄도 내려오지 않느니라
흥부전 이후, 또다시 빈민가에 박씨를 물고 오는 제비가 있을 것이며
소녀 가장이 밑 없는 독에 물을 부은들 어디 두꺼비 한 마리가 있더냐
이 땅엔 더 이상 여의주가 남아 있지 않나니,
한때 지구 자체가 푸른 여의주였음을 알 턱이 없는 너희들이
삼급수에서 비닐 봉다리 뒤집어쓴 용이 승천하길 바

라느냐
 자아, 더 이상 철부지 유아들을 어지럽히는 모든 동화책의 출판을 금한다
 아울러, 덧없이 붉은 네온을 깜박이는 자들이여
 쓸데없는 기도를 금한다
 하느님은 현세의 간빙기 동안 취침중이니
 절대 교회 문을 시끄럽게 두들기지 말거라
 너희가 부지런히 종말을 완성할 때 눈을 뜨리라

휴먼 보디 숍
— 장기 이식용품 코너에서 만난 어느 노인

삼 년 전에 심장을 잃었네, 그러나 오히려 잘됐지 뭔가
지금 내 몸에 신선한 피를 공급해주고 있는 것은
그 때 죽은 젊은 부랑아의 심장이라네
온몸 구석구석 깨끗한 피톨을 뿜어올리고 있다네
이 년 전에 콩팥을 잃었네 그렇지만 뭐 대수인가
달동네 소년 가장의 콩 같은, 팥 같은,
한 끼 잡곡밥 같은 콩팥을 한 쪽 사서 바꿔 끼웠다네
일 년 전에 실명을 했다네 어이 선불리 혀를 차지는 말게
역시 구멍가게에서 눈깔사탕을 사듯 두 알 사서 바꿔 끼웠다네
이젠 돋보기조차 필요 없다네
반 년 전까지만 해도 나는 대머리였네
그렇지만 윤기 있는 어떤 행려병자의 머릿가죽을 꿰맨 후
나이에 걸맞잖게 무스를 바르고 다닌다네
자꾸 물어보지 말게

신체발부 수지부모라 했건만 그 중 온전히 남아 있는 게 무언지

  나도 이제 잘 모른다네

  모를 수밖에, 난 사 년 전만 해도 뇌사자였다네

  그런데 지금은 어찌 된 일이냐고?

  전신마비의 두 환자로부터 좌뇌와 우뇌를 각각 저렴하게 구입했다네

  좌뇌는 뛰어난 수학자로부터,

  우뇌는 제법 이름 있는 어느 시인으로부터

  그럼, 그럼 나는 도대체 누구냐고?

  글쎄, 때마다 부속물이 바뀌는 나는 누구인가?

  아마도 필요에 따라 장기를 갈아끼울 수 있는 나의 재력만이

  내 몸의 주인인지도 몰라

사라진 산 너머

 한때 이곳도 인절미처럼 쫄깃쫄깃한 노란 별똥이 내리던 밤이 있었으리라. 개똥벌레는 한껏 개똥불을 켜고 한 번도 가 본 적이 없는 먼 산 너머로 날아가곤 했으리라. 덩달아 몇몇 산골아이들의 꿈도 개똥불에 얹혔을 테지만 개똥벌레는 한층 우쭐거렸으리라. 그 중 몇 아이가 자라 도시로 갔을까. 어쩌면 다만 그뿐. 가난한 아이들은 곧 가난한 어른이 되어 다시 가난한 아이들을 낳고 가난하게 늙어가리라. 낙엽과 열매를 모두 떨군 겨울나무가 스스로 가난한 줄을 모르듯이.

 이제 이곳엔 별똥을 달아 수은등을 세우고, 개똥불을 박아 자동차를 굴린다. 머잖아 한 번도 가본 적 없는 먼 산 너머 같은 미신은 사라질 것이며, 아이들은 더 이상 궁상스레 개똥불에 꿈을 태우지 않아도 된다. 어둠은 남김없이 빛이 될 것이며 꿈은 곧 현실이 될 것이므로. 불운한 몇몇 아이들을 빼고, 부유한 아이들은 곧 부유한 어른이 되어 다시 부유한 아이들을 낳고 부유하게 늙어가리라. 아무리 채워도 허기진 욕망처럼 아무리 따먹어도 줄지 않는 과일나무가 눈 속에서도 붉게 열매 맺으리라.

장미의 죽음

어린 왕자가 사는 별에
장미가 죽었다
어린 왕자는 엎드려
장미의 무덤을 껴안았다
소혹성 B612호는 잠깐
자전을 멈추었다

노스트라다무스의 별

한때 이 별은 소리의 창고였지
곳간 그득 쟁쟁한 소리들이 넘쳐 흐르던
소리의 왕국이었네
살아있는 모두가 악기였던 이곳 백성들이 왜
소리를 잃고 사라졌는지 몰라
쉰 목소리로 불러보지만
아무도 대답 없네
뻘흙에 묻힌 피리처럼, 물속에 잠긴 나팔처럼
잠깐, 이 별을 망태에 담기 전에
귀를 기울여야 해
혹시라도 작은 풀무치 하나, 휘파람새 하나
풀잎 하나의 떨림이라도 남아 있으면
큰일이니까
그렇지만 아무런 소리도 들리지 않네
연인을 부르던 떨리는 음성
짝짓기철 들씨근한 수소의 콧김

아이를 재우는 자장가 소리
봄나무들 팔뚝 그득한 물소리
아무것도 이제는 없네
마지막까지 살아있던 메아리는
누구의 울음이었을까
나는 뜰채로 죽은 별을 건지는 사람
두드려봐도 소리가 나지 않는 이 별을 건지려네
이제 누군가 이 별로 오는 이정표를 지워야 하리

견딜 수 없는 믿음

1

 소심한 그러나 사려 깊은 동직원 김씨는 잠시 망설이다가 하나님 앞으로 민방위 소집 통지서를 발송하면서 중얼거렸다. 땅의 재난이 크면 하늘도 온전치 못하리라. 하나님, 저는 이 땅의 전쟁과 재난으로부터 주민의 생명과 재산을 보호하기 위한 목적으로 창설된 민방위 업무를 맡고 있는 대한민국 한 위성 도시의 구급 공무원입니다. 실상 당신은 민방위 대원으로 복무할 연령(17세부터 50세까지)을 넘긴 지 오래이며 지역 민방위대나 직장 민방위대에도 소속되어 있지 않사오나 미구에 닥칠지도 모를 재난을 유념하시어 바쁘시더라도 꼭 참석하여 주시길 간곡히 바랍니다.

2

 하나님, 물론 순식간에 지을 수도 있었겠지만, 닷새나

걸려 이 우주를 신축하시고 엿새째 벌거숭이 두발 짐승을 창조하시어 세상을 경영케 하신 은혜로운 하나님, 에덴 이래 한없이 어리석은 저희들이 아찔아찔 아슬아슬, 조마조마 설마설마, 요런조런 이런그런 불장난에 코끝이 매울 때조차도 우리들의 이성과 자율을 믿어 의심치 않으신 하나님, 우리가 우리의 동족을 찌를 때에도 나서서 총칼을 빼앗지 않으시고, 아흔아홉 마리 양을 가진 부자가 한 마리 양을 가진 빈민의 양을 가로챌 때에도 그 재주를 사랑하여 물끄러미 바라보아주시고, 의로운 젊은이들이 나가 의문의 주검으로 돌아올 때에도 눈물의 비 한 줄금 부조해주지 않으시고, 우리가 당신이 주신 이 땅을 거대한 핵폭죽으로 만들도록 한 번도 사찰을 요구하지 않으신 믿음의 하나님, 우리는 마침내 우리를 날려버린 뇌관을 두드리고 있습니다. 저를 비롯한 몇몇 소심한 자들은 이제 당신의 가없는 믿음이 두렵기조차 합니다. 바라옵건대 저희에 대한 믿음을 거두어주옵소서.

그 날이 오면

아빠, 그 날이 오면
무지개는 낡은 단청을 수선하고
둥근 달은 약솜 구름에 얼굴을 씻고
기러기들 날아와 눈썹 새로 그려주겠지?

아빠, 그 날이 오면
누군가 까만 하늘밭 까맣게 갈아
황금빛 옥수수알 넓게 뿌리고
나는 맨발로 별똥을 주워도 되겠지?

아빠, 그 날이 오면
새들은 우산을 벗어도 되고
물고기들은 허리 휜 지팡이를 내던지고
물소들은 발굽 짓무른 장화를 벗어도 되겠지?

아빠, 그 날이 오면

봄인 줄 알고 불끈 일어서던 새싹들은 더 이상
아스팔트에 부딪혀 목 삐지 않아도 되고
가로수들은 전선줄 밑에서 목이 베이지 않아도 되겠지?

아빠, 그 날이 오면
땅에선 당연히 샘물이 솟고
물에선 당연히 고기가 뛰고
산에선 당연히 산꿩이 울겠지?
아빠, 풀잎은 푸르고 꽃들은 붉겠지? 그렇지?

제3부

둥근 시집

다국적 똥

또 배탈이군. 한때 돌조차 삭이던 위장이었는데. 그렇지, 장모가 전라도 배추를 경상도 고춧가루로 버무린 탓일 거야. 아냐, 맥도널드 햄버거에 우리밀 빵을 함께 먹은 탓인지도 몰라. 아니, 방부제와 잔류 농약이 십이지장, 소장, 대장을 방제하는 날일까? 쯔쯧, 세계화 시대에 이렇게 편협한 국수주의자의 내장을 가지고서야. 신토불이? 우린 모두 지구촌 읍민이니 지구에서 나는 모든 음식이 신토불이인 거야. 저녁엔 다시 캘리포니아 쌀에 중국산 콩을 놔 먹어보자. 끄억-. 미제 트림에 중국산 방귀를 뀌어 볼까나. 비록 제3세계의 셋방에 살지만 오늘도 난 다국적 똥을 눈다.

빵과 상징

정독 도서관 벤치에 앉아 빵조각을 떼어들자 한 떼의 평화가 날아왔다. 평화는 암행, 민정 시찰중? 잿빛으로 폐의파립한 평화들이 내 얼굴과 내 손에 든 오백 원짜리 소부르 빵을 번갈아 바라본다. 언제부터 세상의 평화는 내 눈치를 보게 된 걸까. 실업자가 되자 애써 위로해주던 사람들은 점차 전화 횟수를 줄여가곤 했는데 이들은 나의 실업을 알지 못하는 걸까. 실업을 숨기고 평화를 부양하자. 평화에 둘러싸여 평화의 우상이 된 나는 모처럼 우쭐하다. 상징을 시처럼 압축하려는 고행일 것이다. 숙연하다.

평화는 도서관 식당에도 찾아온다. 몇몇 아이들이 매몰차게 내치기도 하지만 극구 창 틈으로 비집고 들어오는 평화의 사절단. 순교를 각오한 식탁 위의 검은 평화. 그러나 저런, 평화의 메시지 대신 밥알과 라면조각을 주워 먹는다. 평화의 흐린 눈빛은 밥알을 던져 줄 때만 짧게 빛난다. "구구구 상징을 팔아 빵을 얻고 싶어요." 한때 나도 누군가의 빛나는 상징이었으리라. 때로 깔끔떠는 아이들은 얼굴을 찡그리며 자리를 바꿔앉다가 저도 모르게 흰 똥을 깔고 앉기도 한다. 피치 못할 재앙처럼 피치 못할 평화라도 있는 것일까. 굶어도 아름다운 평화는 없는 걸까. 겨우 허기를 면한 평화의 수컷은 발목뿐인 발을 뒤뚱거리며 구구구 털을 세워 욕정의 구애춤을 추곤 한다 기껏해야 저 닮은 아기새를 낳아 앵벌이나 시키려는……. 문명도, 문화도 상징도, 시도 목숨기둥에 피는 버섯 같은 것. 누가 이스트처럼 목숨을 갈아 넣어 빵을 부풀리고자 하느냐. 서울역 앞, 비록 타력이긴 하지만 노동 해방을 선취한, 한껏 게으를 권리밖에 없는 날개 없는 평화들을 아느냐. 어느 유능한 선교사가 있어 그들을 용수철처럼 일으켜, 줄 세우고 복음을 전하겠느냐. 오직 평화의 새보다 무서운 밥냄새를 보았느냐. 다시 한 떼의 평화가 내게로 날아온다. 빵이 부족하다. 오늘 밤엔 묵은 성경을 뒤적여보자. 오병이어의 이적을 배우면 파고다 공원의 평화는 내가 다 책임질 수도 있을 것이다. 배가 고프다. 저 어둠 속으로 허기만 들고 비둘기처럼 날아가자.

노래하는 불상

집으로 돌아오는 길, 불상 조각원에서는 오늘도 생년이 같은 범띠 부처들이 태어나고 있다. 웃통을 벗어젖히고 선풍기를 틀어놓고, 불상을 깎는 사내의 손놀림이 재다. 사주를 새기듯 부처의 손금을 민다. 그에게로 가 성형을 받고 부처 같은 웃음을 머금고 싶다. 아직 어디서도 산 부처를 깎아낸다는 소문은 없다. 목석으로 천 년을 앉아서 웃느니 칠십 년 울다가 웃다가 주름 잡히고 허리 꼬부라져 눈감으리라. 대체 어디에 계셨던 걸까. 불상은 사내의 손길 따라 흙 속에, 석고 속에, 나무 속에서 비죽이 낯익은 미소를 지으며 나타나나니 참으로 우수마발이 부처 아닌 게 없구나. 다만 한 가지 미심쩍고 불경한 생각이 드는 것을 꼭 내 탓만 할 것도 아닌 것이 작업장에 울려 퍼지는 '사랑의 배신자'렷다. 때론 '뜨거운 안녕', 때론 '몰래 한 사랑'. 불경 대신 유행가부터 배운 불상들이 팔도명찰로 실려가면 대웅전이나 지장전의 적막과 고요를 견딜 수 있을까. 어쩌면 예불 끝나고 밤마다 십팔 나한을 댄스 그룹으로 거느리고 맨발에 종이 연꽃 즈려 밟으며 '몰래한 사랑'을 불러 젖힐지도 몰라. 그 중 참을성 있는 불상 하나가 한 석 달쯤 앉아 있다가 느리게 일어나 게송처럼 한 마디 읊을지도 몰라. '아, 찬불가 말구 탄 테프는 없는겨? 지루박으로, 고고루, 탱고루 한 번 땡겨봐.' 팔만 대장경 중에 유행경이 으뜸? 으이구, 정구업진언 수리수리 마하수리 수수리 사바하. 이 불경한 머리통을 냅다 죽비로 얻어맞아두 할 말은 없지만서두 예나제나 시상은 곤죽인데 어딜 가나 불상이란 불상은 웃고만 계시니 우리도 한 번 웃어나 보자구 한 말이니 근엄하신 비구, 비구니, 우바이, 우바새 여러분의 해량을 구합니다. 성불합시다. 합장.

개고기를 먹으며

　너, 개를 개 패듯 두들겨 잡는 이유를 알아? 깨갱깨갱 희번덕, 마음은 안됐지만 개고기 수육은 참 맛있지? 그건 들깨, 마늘, 참기름 요런 거 때문이 아니고 개 하나의 슬픔과, 개 하나의 절망과, 개 하나의 분노와, 개 하나의 억울함 때문이야. 억울함이 고기를 연하게 한다구. 생각해 봐. 짖을 만큼 짖다가 늙을 대로 늙어 좌탈한 중과 개고기를 어느 호랭이가 입맛 다시겠냐? 억울한 먹이가 맛도 좋고 힘이 된다. 너무 께름한 표정 지을 거 없어. 피라미드 알지? 봐라, 큰 억울함은 중간 억울함에게 먹히고 중간 억울함은 더 작은 억울함에게 먹히지? 버둥거리는 생쥐를 우주처럼 물고 가르릉거리는 고양이를 떠올려 봐. 아무래도 억울한 먹이가 너무 억울해 입맛이 없다구? 건 어쩔 수 없어. 자동찬 석유를 먹지? 세상은 억울함이 연료거든. 헌데 죽은 먹이가 산 포식자를 움직이니 죽은 먹이가 센가 포식자가 센가? 아무튼 많이 먹어라. 뭐니뭐니 해도 복날엔 이게 최고야. 1인분 더 시킬까? 너 지구가 아직도 푸른 별인 건 억울한 것들의 멍자국 때문이래. 지구는 억울한 사람, 억울한 짐승이 억울한 세상에 살고 있어서 보석처럼 빛난단다. 멍멍멍—. 저런, 아직 음식이 되지 못한 목숨들이 짖는구나.

어느 관상가의 철학

 쯔쯧, 순둥이 아이야. 성미를 바꾸지 못하면 언제나 수족만 바쁘지 얻는 게 적으리라. 고거 참 영악하게 생겼다. 잔꾀에 지식을 얹으면 팔짱을 끼고도 곳간이 넘치겠구나. 저런, 법이 없어도 살 것 같은 사내야, 막상 네가 걸려드는 건 법의 그물일 테니 송사를 당하면 이길 도리가 없겠구나. 흐음, 법전을 줄줄 꿰는 사내야, 무난히 법으로 밥을 훔치겠구나.

 무릇 예부터 의를 숭상하는 자는 불의를 보면 참지 못하니, 옥살이를 일삼고 오장 육부가 성할 리 만무하다. 더러 의사니 열사니 지사니 하는 이름을 얻기도 하나 실상 그 뜻은 제 명에 못 죽은 귀신을 일컬음이라. 모두들 쉬쉬하며 거두기 꺼려하니 주검마저 타역을 떠돌기 일쑤더라. 허나 의와 불의를 따지지 않는 자는 세상이 내 뜻과 같지 않다고 화병날 일이 없고, 간에 붙었다 쓸개에 붙었다 하니 출세는 따 논 당상이라. 재물과 자손이 많으니 무덤마저 창대하리라. 비록 세상이 바뀌어 부관

참시를 당한다 한들 육신은 이미 벗어놓은 헌옷이거늘
느물느물 웃는 영혼을 어찌 참수하겠는가.

장미와 찔레

경복궁 맞은편 육군 병원엔 울타리로 넝쿨장미를 심어놓았습니다. 조경사의 실수일까요, 장난일까요. 붉고 탐스런 넝쿨장미가 만발한 오월, 그 틈에 수줍게 내민 작고 흰 입술들을 보고서야 그 중 한 포기가 찔레인 줄을 알았습니다. 그토록 오랜 세월, 얼크러설크러졌으면 슬쩍 붉은 듯 흰 듯 잡종 장미를 내밀 법도 하건만 틀림없이 제가 피워야 할 빛깔을 기억하고 있었습니다.

꽃잎은 진 지 오래되었지만, 찔레넝쿨 가시가 아프게 살을 파고듭니다. 여럿 중에 너 홀로 빛깔이 달라도 너는 네 말을 할 수 있겠느냐고.

철거

 포크레인이 한옥을 헐고 있다. 야트막한 담벼락은 지레 허물어진 지 오래다. 투두둑 문짝이 날아가고, 챙그랑 '家和萬事成'이 깨어진다. 문틀 위 붉은 부적이 찢겨 나가고, 복조리가 나동그라진다. 저런, 복과 액이 한꺼번에 흩어진다.
 한때 이 집의 가장과 그 아내가 번갈아 무거운 등을 기대곤 했으리라. 든든했던 벽이 시루떡처럼 무너지고 서까래와 기둥이 갈비뼈처럼 불거진다. 와그르르 이끼 낀 기왓장이 해묵은 고문서처럼 쏟아지고, 누가 상량식을 올렸을까. 마침내 기우처럼 여기던 들보가 내려앉는다. 믿을 수 없다. 저렇게 허약한 것에 의지해 발을 뻗고 잘 수 있었다니.
 곧 이 집터엔 들보 없는 건물이 들어선다 한다. 들보 없는 집에서 자란 아이들이 들보 없는 나라를 세울 것이라 한다.

어떤 채용 통보

아무도 거들떠보도 않는 저를 채용하신다니
삽자루는커녕 수저 들 힘도 없는 저를,
셈도 흐리고, 자식도 몰라보는 저를,
빚쟁이인 저를 받아주신다니
출근복도 교통비도, 이발도 말고 면도도 말고
입던 옷 그대로 오시라니
삶이 곧 전과前過이므로 이력서 대신
검버섯 같은 별만 달고 가겠습니다
미운 사람도 간다니 미운 마음도 같이 가는지 걱정되지만
사랑하는 사람도 간다니 반갑게 가겠습니다
민들레도 가고 복사꽃도 간다니
목마른 입술만 들고, 배고픈 허기만 들고
허위허위 는실는실 가겠습니다
살아 죄지은 팔목뼈 두개 발목뼈 두 개
희디희게 삭은 뼈 네 개쯤 추려

윷가락처럼 던지며 가겠습니다
도면 한 걸음, 모면 깡충깡충 다섯 걸음!
고무신 한 짝 벗어 죄 없는 흙 가려 넣어
꽃씨 하나 묻어 들고 가겠습니다

손금

손에 금갔다, 우리 몸 삼길 때부터

헤집고, 할퀴고, 두드리고,
움켜쥐고, 당기고, 쥐어짜고,
털어 넣은 팔십 년

잔금 깊어지더니
수저 들 힘 없다

금간 손에 무얼 담아가겠느냐
이도 저도 다 놓친, 빈 손 묶인 하관

평생,
머리는 모의하고
손은 저질렀다

벼락을 기다리며
— 대추나무의 독백

  천둥이여, 걸음을 멈춰 내 죄를 들어다오. 여기 죄 지은 자 푸르게 떨고 있나니 하얗게 고문하고 섬광처럼 처형해다오. 나, 심장 가득 차오르는 것이 독인 줄도 모르고 세상을 애무했으며, 손 내밀면 남김없이 가시가 돋는 줄도 모르고 가여운 사람의 등을 긁어 주었네. 누군가 내 손에 찔려 곪는 줄도 모르고, 손톱을 벼려 밤새 허공을 찌르고야 말았네. 자랑스런 이 열매들의 향기도 실상 누군가의 빛과 거름을 훔쳐낸 것이라네. 천둥이여, 번개여, 어서 나를 처형해다오. 까맣게 나를 태워 마침내 용서해다오. 나, 검게 탄 뼈를 깎아 누군가의 이름이 되고 싶네. 불온한 세상의 부적이 되고 싶네.

공룡알 화석 1

두꺼운 얼음 속에서 봄날을 기억하는 시냇물은 안다
새털구름 속에서 소나기를 기억하는 풀잎들은 안다
그믐달 속에서 보름달을 기억하는 참게들은 안다
기다림이란 얼마나 돌처럼 더딘 것인지
느닷없이 돌덩이를 들추고 일어서는 죽순에 놀라지 않는다
지상의 풀잎이 말라 서걱거려도
땅 속의 씨앗을 믿듯 나는 한 개의 커다란 알을 믿는다
이것은 오랜 지층에 묻혀 돌처럼 잠들어 있었지만
물새알조차 그것이 부화하기까지
스스로 한 걸음도 떼놓지 못하는 조약돌이었다
나는 믿는다 가장 큰 알이 가장 더디게 부화한다고
당신은 화석이라 부르지만 나는 알이라 부른다
이것은 어쩌면 아직 부화하지 않은 알이다

공룡알 화석 2

 봐라, 마침내 이것이 수천 년 뜨거운 지층의 부화실에서 오랜 변태를 마치고 힘차게 껍질을 깨뜨리고 걸어나가면 열 걸음에 강아지만해지고, 스무 걸음에 중돝만해졌다가 다시 열 걸음에 코끼리만해지고, 드디어 당당한 청년 티라노사우르스가 되어 쿵쿵 지축을 흔들 것이다. 때맞춰 귀 밝은 쥐라기 화석들은 저마다 지각을 뚫고 일어날 것이니 딱딱한 규화목은 물관 가득 양수기처럼 땅속의 물을 뿜어올려 푸른 잎을 돋울 것이고, 삼엽충은 박물관 유리 상자를 깨고 달려나와 아스팔트를 먹어치울 것이고, 매머드는 콘크리트를 무너뜨려 흙으로 돌려보낼 것이고, 모든 쇳덩이는 다시 광맥으로, 플라스틱은 다시 유전으로, 인간의 복잡한 언어는 맑은 새소리와 우렁찬 익룡들의 고함 소리로, 인간의 문자는 이제 뻘밭과 점토에 새겨진 새들이 발자국으로 대신할 것이니, 모든 인공의 노고와 호모 사피엔스가 어두운 지층 속으로 자취를 감춘 이 때를 일컬어 '신 쥐라기'라 명명할 것이다. 시간이 지나면 신은 죄 없는 흙을 가려 영원히 네 발로 걷는 작은 인간들을 빚어 보리도 하리라.

공손한 먹이

 그 맑은 날 시냇가, 빠알간 뱀딸기 넌출 새로 쉬익쉬익 입김이 다가오는 소리를 들었을 때 그 개구리는 잠깐 두려움에 휩싸였으나 곧 심호흡을 하고 안정을 되찾았다.
 皆骨 皆骨 皆骨—
 개구리는 얇은 목살가죽을 떨며 평생을 왼 입속 염불을 되뇌어본다. 냅다 줄행랑을 칠까도 생각해보았으나 입김은 너무 가까웠으며, 누구도 영원히 달아날 수는 없다는 것을 잘 알고 있었으므로 바로 지금이라고 생각했다. 낯선 곳으로의 첫걸음을 헐레벌떡, 혼비백산 떼어놓고 싶지 않았다.
 개구리는 맞절하듯 정중히 무릎을 꿇었다. 입김은 의외로 공손한 먹이를 보고 머리를 갸우뚱했으나 공손과 반항은 태도의 차이일 뿐 먹이는 먹이일 뿐이라는 허기의 속삭임을 받아들이기로 했다.
 잠시 후, 입김의 기다란 몸은 그대로 수의가 되어 상여가 되어 느릿느릿 개구리를 싣고 사라졌다.

저 봐라! 봉두난발한 무덤 위로 뱀 한 마리가 지나간다. 아니다, 저건 수십 마리의 개구리와 두꺼비와 메뚜기들이다. 꿈틀꿈틀 여럿이 한 옷 입고 지나간다.

둥근 시집

나무의 나이테 속에 벼려 넣은
여름이 있고 겨울이 있다
천 개의 손 끝에 송이꽃을 들고 불타는 햇빛을 연모하던 기억도 있다
뭇바람의 제국주의자들이 흔들고 지나갈 때마다
박수를 치던 치욕의 기억조차 새기어놓았다
나이테는 그 여름의 연서이자
그 겨울의 난중일기이다

나이테는 밑둥 잘린 고목의 유고 시집이다
천년 고찰은 저 둥근 시집을 읽으며 무너지지 않을 수 있었다
천년 불상조차 한 번도 저 시 낭독이 싫어 외출한 적이 없다
풍경을 두드리는 바람은 견디기 힘든 유혹이지만
붓다의 처음 까달음도 저 나이테의 그늘 아래서였다

나이테는 제 가슴에 새긴 목판 경전이다
무량수전 배흘림기둥에 좀벌레가 기어간다
저 느린 것들이 나이테 경전을 마저 읽고 나면
곧 새로 늙은 젊은 기둥이 또 한 세월을 받치리라

백골관 白骨觀

　타일랜드와 말레이지아 국경에 있는 한 사원의 법당엔
　1930년 미스 타일랜드의 주검이 백골로 진열돼 있다 한다
　사대 육신 팔팔한 스님들이 주야로 드나들며
　'무상토다, 무상토다' 중얼중얼 젊은 혈기를 삭인다 한다
　입적한 고승의 미라도 한 켠에 세워놓았다 한다
　삶과 죽음이 둘이 아니고, 살 궁리를 하면서 죽을 궁리도 해야 한다는 것이
　불교학자 강건기 씨의 말이지만, 너무도 공감하는 말이지만,
　나는 왠지 허전하다
　파르라니 깎은 머리, 뺨 붉은 동승조차 백골을 쳐다보며
　미리 늙어야 한다면 왠지 서글프다
　화무십일홍이므로, 오늘 핀 꽃이 아름답다
　새싹에서 죽음을 볼 수는 있지만 새싹은 죽음이 아니다

오래 아주 오래

나비는 날개가 무거워 바위에 쉬어 앉았다
평생 꿀 따던 꽃대궁이 어지럽지 않았다
등판에 밴 땀내도 싫지 않았다

달팽이 껍질에 무서리 솟던 날
마지막 빈 꽃 들던 바로 그 다음날
바람은 낙엽인 줄 알고 나비의 어깨를 걷어갔다

나비의 몸은 삭은 부엽에 떨어져
제 주위의 지층을 오래 아주 오래 굳혀갔고
바위는 느리게 아주 느리게 제 몸을 헐어 가벼워졌다

지금 저 바위는 그 나비다
지금 저 나비는 그 바위다
봐라, 나비 위에 갓 깬 바위가 앉아 쉬고 있다

갈 수 없는 그곳

 그렇지요, 전설은 아직 끝나지 않았어요. 지상의 가장 높은 산보다 더 높다는 그곳은 도대체 얼마나 험준한 곳이겠습니까. 새벽이 되기 전 모두 여장을 꾸립니다. 탈것이 발달된 지금 혹은 자가용으로, 전세 버스로, 더러는 자가 헬기로, 여유치 못한 사람들 도보로 나섭니다. 우는 아이 볼기 때리며 병든 부모 손수레에 싣고 길 떠나는 사람들, 오기도 많이 왔지만 아직 그곳은 보이지 않습니다. 더러는 도복을 입은 도사들 그곳에 가까이 왔다는 소문을 팔아 돈을 벌기도 합니다. 낙타가 바늘귀 빠져나가기보다 더 어렵다는 그곳, 그러나 바늘귀도 오랜 세월 삭아 부러지고 굳이 더 이상 통과할 바늘귀도 없이 자가용을 가진 많은 사람들, 벌써 그곳에 도착했다는 이야기도 들립니다. 건너가야 할 육교나 지하도도 없는 곳, 도보자들이 몰려 있는 횡단보도에 연이은 차량, 그들에게 그곳으로 가는 신호등은 언제나 빨간불입니다. 오랜 기간 지친 사람들, 무단 횡단을 하다가 즉

심에 넘어가거나 허리를 치어 넘어지곤 합니다. 갈 수 없는 그곳, 그러나 모두 떠나면 누가 이곳에 남아 씨 뿌리고 곡식을 거둡니까. 아름다운 사람들, 하나 둘 돌아옵니다. 모두 떠나고 나니 내가 살던 이곳이야말로 그리도 가고 싶어하던 그곳인 줄을 아아 당신도 아시나요.

가뭄

저 소리 없는 불꽃 좀 보아.

감열지처럼 검게 타오르는 들판,
그 위로 날던 새 한 마리
한 점 마침표로 추락한다.

하! 삼도내마저 말라붙어
차안과 피안의 경계가 없어졌다.

해설

가난했지만 따뜻한 추억
'죽은 별을 건지는 사랑'

가난했지만 따뜻한 추억
'죽은 별을 건지는 사랑'

윤정훈

동네 이발관에는 돼지 그림이 걸려 있었다. 새끼들이 득달같이 달려들어 어미 젖을 빠는. '바리깡'에 머리를 맡기고 그림 속 글씨를 골똘히 봤었다. '희망'이라고 적힌. 이런 그림을 '키치화_畵'라고 폼나게 말할 수 있게 된 나이. 돌아보면 '이발소 그림' 같은 가난한 추억이 우리를 멈추게 만든다. 멈추게 한 그 힘으로 다시 걷는 힘을 얻는다.

반칠환 씨의 첫 시집을 읽으면서 돼지 그림 속의 '희망'을 떠올렸다. 촌각을 다투며 사는 우리에게 '멈춤'의 힘을 주는 추억에 대하여. 사념私念으로 난해한 관념시의 숲에서 그의 언어는 청량해서 도드라진다. 입가를 빙긋이 만들기도 하다가, 눈시울을 뜨듯하게 달구기도 한다. 굳건히 두 발을 땅에 디딘 시인이 읽는 이의 마음을 움직인다. '충청도 산골 촌놈' 출신인 반 씨는 추억의 편린을 질박한 시어로 찰칵, 찍어서 보여 준다.

"내남 없이 주려 넘던 보릿고개였으나 사발입보다도 형제들 목구녕이 턱없이 크게 벌어지던 시절"이었다. 농사와 묵장사로 집안을 건사한 "억척스럽고 총명했던 에미"와 "양푼 그득 수제빌" 먹고 까르르 웃던 감자알 같은 형제들……. 가난했으되 따스했던 그의 기억들은 도회지 유민들이 함께 나눌 수 있는 마음의 곳간이다. 얼굴이 까매진 어머니가 "자식 매껴놓고 얼굴도 안 비춘다고, 선상님이 속으로 욕하신다"며 물 바랜 옥색치마 차려입고 부득부득 학교를 찾을 때의 곤란함이 비단 시인만의 기억일까.

  급작스럽게 가정 방문한 선생님을 맞으러 열무밭 매다 말고 한 달음에 달려오는 어머니의 폼새는 어떻고. "감물 든 큰성 난닝구에, 고무줄 헐건 몸뻬바지 넥타이허리띠로 동여매고, 동 방위 받는 시째 성 깜장색 훈련화 고쳐신고 달려나오시는데 조자룡이 헌창 쓰듯 흙 묻은 손에 호멩이는 왜 들고 나오시나."(〈가정 방문〉) 하지만 어린이날 선물로 막걸리를 받아와서 방위병 막내아들에게 "빙그레 웃으며 빈 스뎅그릇 내미시는"(〈어린이날〉) 것이 사랑이었음을 안다. 그렇지만 이제 그녀는 "따신 물 나오구, 즌깃불 환하지, 테레비 잘 나오지… 이제 고생 다 끝냈시유"라며 호강을 자랑하지만 "실은 먼산바라기 (…) 종일 할 일이 없다."(〈어머니 4〉)

이제는 추억의 따스함이란 "사라진 동화 마을" 같은 것이지만 시인은 현대의 강팍한 세상을 향해 핏대를 세우지 않는다. "억울함이 연료인" 세상을 걱정하면서도 반어나 역설이 가진 해학을 잃지 않으니. "삼급수에서 비닐 봉다리 뒤집어쓴 용이 승천하길 바라"는 "불순한 상상"을 금하고 (〈사라진 동화 마을〉), "맥도널드 햄버거에 우리밀 빵을 함께 먹은 탓"에 배탈이 들면서도 "세

계화 시대에 편협한 국수주의 내장"을 탓한다.(〈다국적 똥〉)

하지만 "뜰채로 죽은 별을 건지는" 시인은 소년처럼 "그 날"을 고대한다. "아빠, 그 날이 오면 / 누군가 까만 하늘밭 까맣게 갈아 / 황금빛 옥수수알 넓게 뿌리고 / 나는 맨발로 별똥을 주워도 되겠지?"(〈그 날이 오면〉)

— 〈동아일보〉 2001. 11. 23

반칠환

1964년 충북 청주에서 태어나 청남초등학교와 중앙대 문예창작학과를 졸업했다. 1992년 〈동아일보〉 신춘문예로 등단했으며, 2002년 서라벌문학상, 2004년 자랑스런 청남인상을 수상했다. 시집으로《뜰채로 죽은 별을 건지는 사랑》과《웃음의 힘》이 있고, 시선집으로《누나야》가 있다. 장편동화《하늘궁전의 비밀》《지킴이는 뭘 지키지》, 시해설집《내게 가장 가까운 신, 당신》《꽃술 지렛대》《뉘도 모를 한때》, 인터뷰집《책, 세상을 훔치다》 등이 있다.

반칠환 시집

뜰채로 죽은 별을 건지는 사랑

초　　판 1쇄 발행 2001년 11월 05일, 7쇄 2003년 1월 10일
개 정 판 1쇄 발행 2012년 12월 01일, 2쇄 2020년 5월 25일
지 은 이 반칠환
펴 낸 이 반송림
편집디자인 김지호
펴 낸 곳 도서출판 지혜 • 계간 시전문지 애지
기획위원 반경환 이형권
주　　소 34624 대전광역시 동구 태전로 57, 2층 (삼성동)
전　　화 042-625-1140
팩　　스 042-627-1140
이메일 ejisarang@hanmail.net
애지카페 cafe.daum.net/ejiliterature

ISBN : 978-89-97386-33-8 03810
값 10,000원

이 책의 판권은 지은이와 도서출판 지혜에 있습니다.
양측의 서면 동의 없는 무단 전제 및 복제를 금합니다.